...s sur les Accidents du Travail

Texte complet des Lois du 9 avril 1898
du 30 juin 1899 et du 22 mars 1902

COMMENTAIRE } **AGRICULTEURS**
MAITRES
COMMERÇANTS

Êtes-vous RESPONSABLES
des Accidents

SURVENANT A VOS DOMESTIQUES,
OUVRIERS,
EMPLOYÉS?

ÉTUDE PRATIQUE
PAR
M. LOUIS JALENQUES
AVOCAT
DOCTEUR EN DROIT

TROISIÈME ÉDITION

CLERMONT-FERRAND
IMPRIMERIE MODERNE, A. DUMONT, DIRECT
Rue du Port, 15

1904

Lois sur les Accidents du Travail

Texte complet des Lois du 9 avril 1898
du 30 juin 1899 et du 22 mars 1902

COMMENTAIRE $\Big\{$ **AGRICULTEURS**
MAITRES
COMMERÇANTS

Êtes-vous RESPONSABLES

des Accidents

SURVENANT A VOS DOMESTIQUES,
OUVRIERS,
EMPLOYÉS?

ÉTUDE PRATIQUE

PAR

M. Louis JALENQUES

AVOCAT
DOCTEUR EN DROIT

TROISIÈME ÉDITION

CLERMONT-FERRAND

IMPRIMERIE MODERNE, A. DUMONT, DIRECT^r
Rue du Port, 15

1904

TABLE DES MATIÈRES

AVERTISSEMENT

—

La faveur avec laquelle ont été accueillies les deux premières éditions de cette brochure, me décide à en publier une troisième.

Cette nouvelle édition me paraît d'autant plus utile, que, depuis la précédente, une loi du 22 mars 1902 est venue modifier sur quelques points la loi du 9 avril 1898.

Mes deux premières éditions ne donnaient que des extraits des lois de 1898 et 1899. A la demande d'un grand nombre de lecteurs, ma nouvelle brochure contiendra le texte complet des lois de 1898, 1899 et 1902.

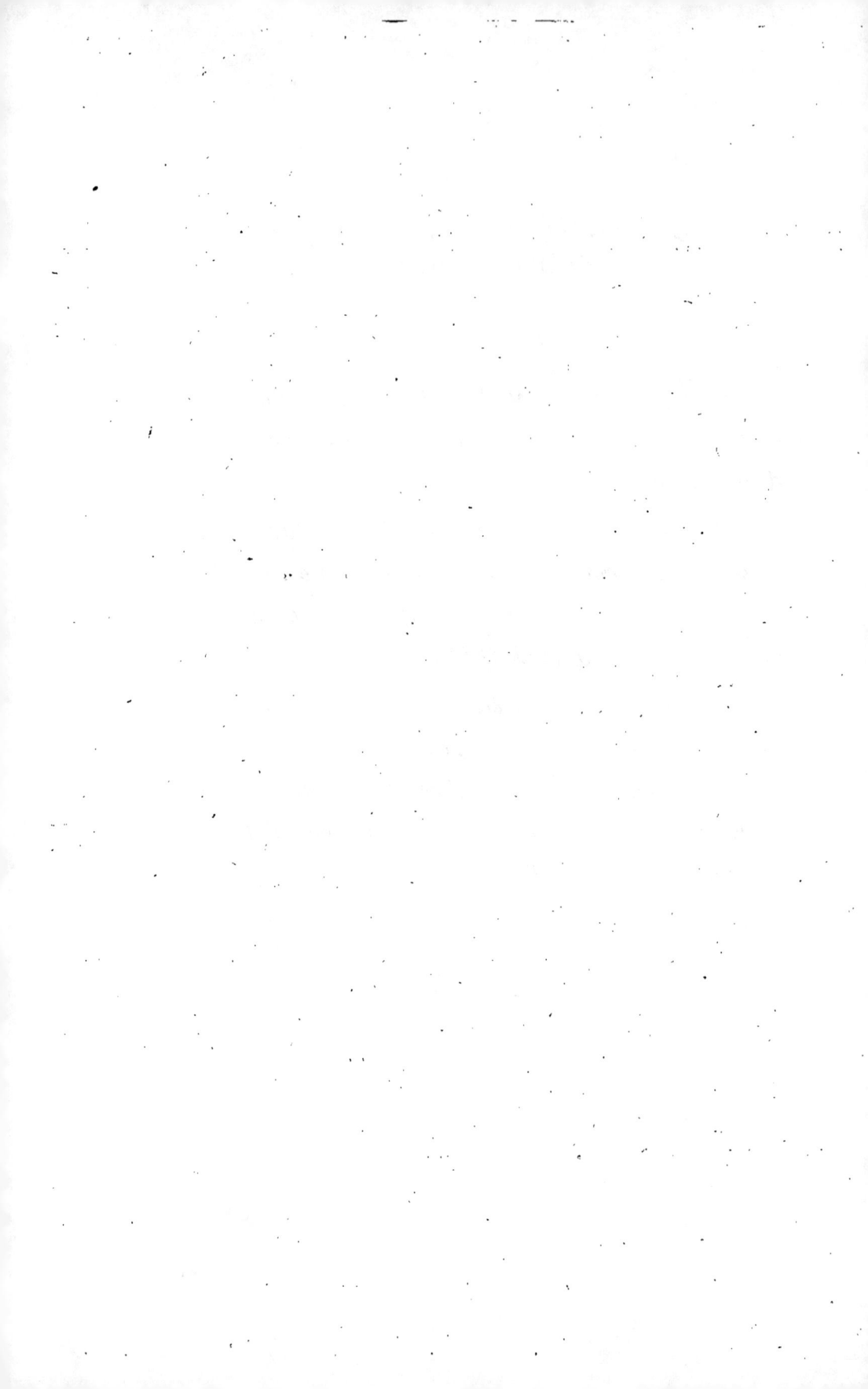

INTRODUCTION

OBJET DE CETTE ÉTUDE

Il n'est pas exagéré de dire que la loi du 9 mars 1898, complétée et modifiée par les lois du 30 juin 1899 et du 22 mars 1902, sur la responsabilité des accidents qui frappent les travailleurs, est un des monuments législatifs les plus importants de ces dernières années.

Nombreuses sont les questions à étudier dans ces lois, multiples les difficultés qu'elles présentent dans la pratique, grossières enfin les erreurs répandues dans la masse relativement à leur application, notamment cette opinion à peu près générale que *tous les patrons* désormais sont responsables de *tous les accidents* survenant à leurs subordonnés.

Je n'ai pas la prétention dans cette brochure d'approfondir toutes ces questions, d'examiner toutes ces difficultés; mais je voudrais tâcher de dissiper quelques-unes des erreurs du public sur ce sujet.

La loi de 1898 est-elle applicable aux agricul-

teurs ? Est-elle applicable aux commerçants ? Les domestiques, ouvriers ou employés de ces diverses catégories de personnes, lorsqu'ils viennent à être atteints par un accident, peuvent-ils se prévaloir vis à vis de leur patron, du bénéfice de cette loi ?

Ces questions préoccupent avec raison un grand nombre de personnes.

Malheureusement les textes des lois ne sont pas toujours des plus clairs ; ils ont souvent besoin, pour être compris, d'être éclairés par les travaux préparatoires ; ils ne peuvent être que difficilement saisis par les esprits étrangers aux subtilités du Droit. Aussi avons-nous pensé rendre service au public, en mettant à la portée de tous quelques réponses décisives aux questions posées plus haut.

Mais avant d'aborder l'étude précise de ces questions, disons un mot de la responsabilité patronale des accidents et de la loi de 1898 en général.

PREMIÈRE PARTIE

I

Généralités sur la responsabilité patronale des accidents et sur la loi du 9 avril 1898

La loi du 9 avril 1898 a édicté ce que les Jurisconsultes appellent le principe du *risque professionnel* à la charge du *chef de l'entreprise*,

Qu'est-ce que cela signifie?

Qu'en vertu de cette loi, dans les industries énumérées par l'art. 1er, le patron est responsable de tous les accidents arrivant à ses ouvriers, *quand même il n'y aurait aucune faute de sa part, quand bien même, au contraire, il y aurait faute de la part de l'ouvrier, pourvu toutefois qu'il n'y ait pas eu faute absolument* **intentionnelle** *de la part de celui-ci.*

Avant la loi de 1898, il n'en était pas ainsi.

La question de responsabilité des accidents survenant aux travailleurs était alors régie par les art. 1382 et suivants du Code civil, desquels il résultait que, pour que le patron put être condamné à une indemnité envers son ouvrier victime d'un accident, il fallait que l'ouvrier *prouvât* que l'accident était arrivé par suite d'une *négligence*, d'une *imprudence*, d'une *faute* en un mot du patron. Sans cela, pas de responsabilité pour ce dernier.

Ce système de législation était-il équitable?

Le législateur moderne a pensé que non.

Lorsqu'un accident arrive à un ouvrier par suite d'un *cas fortuit,* de *force majeure* ou d'une *cause inconnue* quelconque, il n'est pas juste, a-t-il pensé, que cet ouvrier ne puisse demander une indemnité au patron.

Lorsque l'accident arrive par la *faute du patron,* il n'est pas juste, a-t-il pensé encore, d'exiger que l'ouvrier *fasse la preuve* de cette faute, preuve souvent difficile à établir.

Enfin, même lorsque l'accident est arrivé par la *faute de l'ouvrier*, le législateur a estimé encore qu'en pareil cas il n'est pas équitable de priver celui-ci de toute réparation pécuniaire.

Pourquoi cela ?

C'est ici que le législateur de 1898 a posé le principe du *risque professionnel* dans l'industrie.

Tous les accidents qui arrivent dans une entreprise doivent, en vertu de ce principe, être réparés par le chef même de cette entreprise, quelle que soit la cause originaire de l'accident, qu'elle soit connue ou inconnue, qu'elle soit imputable à une faute du patron, ou *qu'elle soit même imputable à une faute* (non intentionnelle toutefois) *de l'ouvrier*. Cette dernière décision peut surprendre, mais on la justifie en disant qu'en pareil cas l'imprudence ou la faute de l'ouvrier n'est que la conséquence naturelle, et pour ainsi dire fatale, de l'exercice de la profession industrielle ; l'ouvrier doit, en quelque sorte, être assuré contre les conséquences de sa faute, et c'est au patron à prélever sur les bénéfices de son industrie, de quoi assurer son personnel ouvrier contre les accidents qui peuvent l'atteindre.

Par la loi du 9 avril 1898, le Parlement français a admis le principe du *risque professionnel* pour certaines catégories d'industries énumérées par l'art. 1er.

Le moment est venu de donner *in extenso* le texte de cette importante loi, avec la modification qui a été apportée à certains de ses articles par une nouvelle loi du 22 mars 1902.

Plus loin, dans le corps de notre étude, on trouvera aussi le texte complet de la loi du

30 juin 1899 qui a complété, sur un point spécial
relatif aux agriculteurs, le texte de la loi
de 1898.

II

TEXTE COMPLET DE LA LOI DU 9 AVRIL 1898 MODIFIÉE PAR LA LOI DU 22 MARS 1902

TITRE PREMIER

Indemnités en cas d'accidents

ARTICLE PREMIER. — Les accidents survenus par le fait du
travail, ou à l'occasion du travail, aux ouvriers et employés
occupés dans l'industrie du bâtiment, les usines, manufactures, chantiers, les entreprises de transport par terre et par
eau, de chargement et de déchargement, les magasins publics,
mines, minières, carrières, et en outre dans toute exploitation
ou partie d'exploitation dans laquelle sont fabriquées ou
mises en œuvre des matières explosives, ou dans laquelle il
est fait usage d'une machine mue par une force autre que
celle de l'homme ou des animaux, donnent droit, au profit de
la victime ou de ses représentants, à une indemnité à la
charge du chef de l'entreprise, à la condition que l'interrup-
tion de travail ait duré plus de quatre jours. — Les ouvriers
qui travaillent seuls d'ordinaire ne pourront être assujettis à
la présente loi par le fait de la collaboration accidentelle d'un
ou de plusieurs de leurs camarades.

ART. 2. — *(Tel qu'il a été modifié par la Loi du 22 mars 1902).*
Les ouvriers et employés désignés à l'article précédent ne
peuvent se prévaloir, à raison des accidents dont ils sont
victimes dans leur travail, d'aucunes dispositions autres que
celles de la présente loi.

Ceux dont le salaire annuel dépasse 2.400 fr. ne bénéficient
de ces dispositions que jusqu'à concurrence de cette somme.
Pour le surplus, ils n'ont droit qu'au quart des rentes ou
indemnités stipulées à l'art. 3, à moins de conventions con-
traires sur le chiffre de la quotité.

Art. 3. — Dans les cas prévus à l'art. 1er, l'ouvrier ou employé a droit :

Pour l'incapacité absolue et permanente à une rente égale aux 2/3 de son salaire annuel ;

Pour l'incapacité partielle et permanente à une rente égale à la moitié de la réduction que l'accident aura fait subir au salaire.

Pour l'incapacité temporaire, à une indemnité journalière égale à la moitié du salaire touché au moment de l'accident, si l'incapacité de travail a duré plus de 4 jours et à partir du 5e jour.

Lorsque l'accident est suivi de mort, une pension est servie aux personnes ci-après désignées, à partir du décès, dans les conditions suivantes :

(a) Une rente viagère égale à 20 p. 100 du salaire annuel de la victime pour le conjoint survivant, non divorcé ou séparé de corps, à la condition que le mariage ait été contracté antérieurement à l'accident.

En cas de nouveau mariage, le conjoint cesse d'avoir droit à la rente mentionnée ci-dessus ; il lui sera alloué, dans ce cas, le triple de cette rente, à titre d'indemnité totale.

(b) Pour les enfants légitimes ou naturels, reconnus avant l'accident, orphelins de père ou de mère, âgés de moins de 16 ans, une rente calculée sur le salaire annuel de la victime, à raison de 15 p. 100 de ce salaire, s'il n'y a qu'un enfant, de 25 p. 100 s'il y en a deux, de 35 p. 100 s'il y en a trois, et 40 p. 100 s'il y en a quatre ou un plus grand nombre.

Pour les enfants, orphelins de père et de mère, la rente est portée pour chacun d'eux à 20 p. 100 du salaire.

L'ensemble de ces rentes ne peut, dans le premier cas, dépasser 40 p. 100 du salaire, ni 60 p. 100 dans le second.

(c) Si la victime n'a ni conjoint, ni enfant dans les termes des paragraphes A et B, chacun des ascendants et descendants qui étaient à sa charge recevra une rente viagère pour les ascendants et payable jusqu'à 16 ans pour les descendants. Cette rente sera égale à 10 p. 100 du salaire annuel de la victime, sans que le montant total des rentes ainsi allouées puisse dépasser 30 p. 100.

Chacune des rentes prévues par le § C est, le cas échéant, réduite proportionnellement.

Les rentes constituées en vertu de la présente loi sont payables par trimestre, elles sont incessibles et insaisissables.

Les ouvriers étrangers, victimes d'accidents, qui cesseront

de résider sur le territoire français, recevront, pour toute indemnité, un capital égal à trois fois la rente qui leur avait été allouée.

Les représentants d'un ouvrier étranger ne recevront aucune indemnité, si, au moment de l'accident, ils ne résidaient pas sur le territoire français.

ART. 4. — Le chef d'entreprise supporte en outre les frais médicaux et pharmaceutiques et les frais funéraires. Ces derniers sont évalués à la somme de cent francs au maximum.

Quant aux frais médicaux et pharmaceutiques, si la victime a fait choix elle-même de son médecin, le chef d'entreprise ne peut être tenu que jusqu'à concurrence de la somme fixée par le juge de paix du canton, conformément aux tarifs adoptés dans chaque département pour l'assistance médicale gratuite.

ART. 5. — Les chefs d'entreprise peuvent se décharger pendant les trente, soixante ou quatre-vingt dix premiers jours à partir de l'accident, de l'obligation de payer aux victimes les frais de maladie et l'indemnité temporaire, ou une partie seulement de cette indemnité, comme il est spécifié ci-après, s'ils justifient :

1° Qu'ils ont affilié leurs ouvriers à des sociétés de secours mutuels et pris à leur charge une quote-part de la cotisation qui aura été déterminée d'un commun accord, et en se conformant aux statuts-type approuvés par le ministre compétent, mais qui ne devra pas être inférieure au tiers de cette cotisation ;

2° Que ces sociétés assurent à leurs membres, en cas de blessures, pendant trente, soixante ou quatre-vingt-dix jours, les soins médicaux et pharmaceutiques et une indemnité journalière.

Si l'indemnité journalière servie par la société est inférieure à la moitié du salaire quotidien de la victime, le chef d'entreprise est tenu de lui verser la différence.

ART. 6. — Les exploitants de mines, minières et carrières peuvent se décharger des frais et indemnités mentionnés à l'article précédent moyennant une subvention annuelle versée aux caisses ou sociétés de secours constituées dans ces entreprises en vertu de la loi du 29 juin 1894.

Le montant et les conditions de cette subvention devront être acceptés par la société et approuvés par le ministre des travaux publics.

Ces deux dispositions seront applicables à tous autres chefs d'industrie qui auront créé en faveur de leurs ouvriers des caisses particulières de secours, en conformité du titre III de la loi du 20 juin 1894. L'approbation prévue ci-dessus sera, en ce qui les concerne, donnée par le Ministre du Commerce et de l'Industrie.

ART. 7. *(modifié par la loi du 22 mars 1902)*. — Indépendamment de l'action résultant de la présente loi, la victime ou ses représentants conservent contre les auteurs de l'accident, autres que le patron ou ses ouvriers et préposés, le droit de réclamer la réparation du préjudice causé, conformément aux règles du droit commun.

L'indemnité qui leur sera allouée exonérera à due concurrence le chef d'entreprise des obligations mises à sa charge.

Dans le cas où l'accident a entraîné une incapacité permanente ou la mort, cette indemnité devra être attribuée sous forme de rentes servies par la Caisse nationale de retraites.

En outre de cette allocation sous forme de rente, le tiers reconnu responsable pourra être condamné, soit envers la victime, soit envers le chef de l'entreprise, si celui-ci intervient dans l'instance, au paiement des autres indemnités et frais prévus aux art. 3 et 4 ci-dessus.

Cette action contre les tiers responsables pourra même être exercée par le chef d'entreprise, à ses risques et périls, au lieu et place de la victime ou de ses ayants-droit, si ceux-ci négligent d'en faire usage.

ART. 8. — Le salaire qui servira de base à la fixation de l'indemnité allouée à l'ouvrier âgé de moins de seize ans ou à l'apprenti victime d'un accident ne sera pas inférieur au salaire le plus bas des ouvriers valides de la même catégorie occupés dans l'entreprise.

Toutefois, dans le cas d'incapacité temporaire, l'indemnité de l'ouvrier âgé de moins de seize ans ne pourra pas dépasser le montant de son salaire.

ART. 9. — Lors du règlement définitif de la rente viagère, après le délai de révision prévu à l'article 19, la victime peut demander que le quart au plus du capital nécessaire à l'établissement de cette rente, calculé d'après les tarifs dressés pour les victimes d'accidents par la caisse des retraites pour la vieillesse, lui soit attribué en espèces.

Elle peut aussi demander que ce capital, ou ce capital réduit du quart au plus comme il vient d'être dit, serve à constituer sur sa tête une rente viagère réversible, pour moitié au plus, sur la tête de son conjoint. Dans ce cas, la rente viagère sera diminuée de façon qu'il ne résulte de la réversibilité aucune augmentation de charges pour le chef d'entreprise.

Le tribunal, en chambre de conseil, statuera sur ces demandes.

ART. 10. — Le salaire servant de base à la fixation des rentes s'entend, pour l'ouvrier occupé dans l'entreprise pendant les douze mois écoulés avant l'accident de la rémunération effective qui lui a été allouée pendant ce temps, soit en argent, soit en nature.

Pour les ouvriers occupés pendant moins de douze mois avant l'accident, il doit s'entendre de la rémunération effective qu'ils ont reçue depuis leur entrée dans l'entreprise, augmentée de la rémunération moyenne qu'ont reçue pendant la periode nécessaire pour compléter les douze mois, les ouvriers de la même catégorie.

Si le travail n'est pas continu, le salaire annuel est calculé tant d'après la rémunération reçue pendant la période d'activité que d'après le gain de l'ouvrier pendant le reste de l'année.

TITRE II

Déclaration des Accidents et Enquête

ART. 11 (*modifié par la loi du 22 mars 1902*). — Tout accident ayant occasionné une incapacité de travail doit être déclaré dans les 48 heures, non compris les dimanches et jours fériés, par le chef d'entreprise ou ses préposés au Maire de la commune, qui en dresse procès-verbal et en délivre immédiatement récépissé.

La déclaration et le procès-verbal doivent indiquer dans la forme réglée par décret, les nom, qualité et adresse du chef d'entreprise, le lieu précis, l'heure et la nature de l'accident, les circonstances dans lesquelles il s'est produit, la nature des blessures, les noms et adresses des témoins.

Dans les 4 jours qui suivent l'accident, si la victime n'a pas repris son travail, le chef d'entreprise doit déposer à la Mairie, qui lui en délivre immédiatement récépissé, un certificat de médecin indiquant l'état de la victime, les suites probables de l'accident, et l'époque à laquelle il sera possible d'en connaître le résultat définitif.

La déclaration d'accident pourra être faite dans les mêmes conditions par la victime ou ses représentants, jusqu'à l'expiration de l'année qui suit l'accident.

Avis de l'accident, dans les formes réglées par décret, est donné immédiatement par le Maire à l'Inspecteur départemental du travail ou à l'Ingénieur ordinaire des Mines chargé de la surveillance de l'entreprise.

L'art. 15 de la loi du 3 novembre 1892 et l'art. 11 de la loi du 12 juin 1893 cessent d'être applicables dans les cas visés par la présente loi.

ART. 12 *(modifié par la loi du 22 mars 1902)*. — Dans les 24 heures qui suivent le dépôt du certificat, et au plus tard, dans les 5 jours qui suivent la déclaration de l'accident, le Maire transmet au Juge de paix du canton où l'accident s'est produit, la déclaration et soit le certificat médical, soit l'attestation qu'il n'a pas été produit de certificat.

Lorsque d'après le certificat produit en exécution du paragraphe précédent ou transmis ultérieurement par la victime à la Justice de paix, la blessure paraît devoir entrainer la mort ou une incapacité permanente, absolue ou partielle de travail, ou lorsque la victime est décédée, le juge de paix, dans les 24 heures, procède à une enquête à l'effet de rechercher :

1° La cause, la nature et les circonstances de l'accident ;

2° Les personnes victimes et le lieu où elles se trouvent, le lieu et la date de leur naissance ;

3° La nature des lésions ;

4° Les ayants droit, pouvant, le cas échéant, prétendre à une indemnité, le lieu et la date de leur naissance ;

5° Le salaire quotidien et le salaire annuel des victimes ;

6° La société d'assurance à laquelle le chef d'entreprise était assuré, ou le syndicat de garantie auquel il s'était affilié.

Les allocations tarifées pour le Juge de paix et son Greffier, en exécution de l'art. 29 de la présente loi et de l'art. 31 de la loi de finances du 13 avril 1900, seront avancées par le Trésor.

ART. 13. — L'enquête a lieu contradictoirement dans les formes prescrites par les art. 35, 36, 37, 38 et 39 du Code de Procéd civ , en présence des parties intéressées, ou celles-ci convoquées d'urgence par lettre recommandée.

Le Juge de paix doit se transporter auprès de la victime de l'accident qui se trouve dans l'impossibilité d'assister à l'enquête.

Lorsque le certificat médical ne lui paraîtra pas suffisant, le Juge de paix pourra désigner un médecin pour examiner le blessé.

Il peut aussi commettre un expert pour l'assister dans l'enquête.

Il n'y a pas lieu toutefois à nomination d'expert dans les entreprises administrativement surveillées, ni dans celles de l'Etat placées sous le contrôle d'un service distinct du service de gestion, ni dans les Etablissements nationaux où s'effectuent des travaux que la sécurité publique oblige à tenir secrets.

Dans ces derniers cas, les fonctionnaires chargés de la surveillance ou du contrôle de ces Etablissements ou entreprises, et, en ce qui concerne les exploitations minières, les délégués à la sécurité des ouvriers mineurs, transmettent au Juge de paix, pour être joint au procès-verbal d'enquête, un exemplaire de leur rapport.

Sauf les cas d'impossibilité matérielle dûment constatés dans le procès-verbal, l'enquête doit être close dans le plus bref délai, et, au plus tard, dans les dix jours à partir de l'accident. Le Juge de paix avertit, par lettre recommandée, les parties de la clôture de l'enquête et du dépôt de la minute au greffe, où elles pourront, pendant un délai de cinq jours, en prendre connaissance, et s'en faire délivrer une expédition affranchie du timbre et de l'enregistrement. A l'expiration de ce délai de 5 jours, le dossier de l'enquête est transmis au Président du tribunal civil de l'arrondissement.

ART. 14. — Sont punis d'une amende de 1 à 15 fr., les chefs d'industrie ou leurs préposés qui ont contrevenu aux dispositions de l'art. 11.

En cas de récidive dans l'année, l'amende peut être élevée de 16 à 300 francs.

L'art. 463 du Code pénal est applicable aux contraventions prévues par le présent article.

TITRE III

Compétence. — Juridictions. — Procédure. — Revision.

ART. 15. — Les contestations entre les victimes d'accidents et les chefs d'entreprise, relatives aux frais funéraires, aux frais de maladie ou indemnités temporaires, sont jugées en dernier ressort par le Juge de paix du canton où l'accident s'est produit, à quelque chiffre que la demande puisse s'élever.

ART. 16. — En ce qui touche les autres indemnités prévues par la présente loi, le Président du tribunal de l'arrondissement, convoque, dans les 5 jours à partir de la transmission du dossier, la victime ou ses ayants droit et le chef d'entreprise qui peut se faire représenter.

S'il y a accord des parties intéressées, l'indemnité est définitivement fixée par l'ordonnance du Président qui donne acte de cet accord.

Si l'accord n'a pas lieu, l'affaire est renvoyée devant le tribunal qui statue, comme en matière sommaire, conformément au titre XXIV du livre II du Code de Pr. civ.

Si la cause n'est pas en état, le tribunal surseoit à statuer et l'indemnité temporaire continuera à être servie jusqu'à la décision définitive.

Le tribunal pourra condamner le chef d'entreprise à payer une provision ; sa décision, sur ce point, sera exécutoire nonobstant appel.

ART. 17 *(modifié par la loi du 22 mars 1902).* — Les jugements rendus en vertu de la présente loi sont susceptibles d'appel, selon les règles du droit commun. Toutefois l'appel, sous réserve des dispositions de l'art. 449 du Code de Procéd. civ., devra être interjeté dans les 30 jours de la date du jugement, s'il est contradictoire, et, s'il est par défaut, dans la quinzaine à partir du jour où l'opposition ne sera plus recevable.

L'opposition ne sera plus recevable, en cas de jugement par défaut contre partie, lorsque le jugement aura été signifié à personne, passé le délai de quinze jours à partir de cette signification.

La Cour statuera d'urgence dans le mois de l'acte d'appel. Les parties pourront se pourvoir en cassation.

Toutes les fois qu'une expertise médicale sera ordonnée, soit par le Juge de paix, soit par le Tribunal ou par la Cour d'appel, l'expert ne pourra être le médecin qui a soigné le blessé, ni un médecin attaché à l'entreprise ou à la Société d'assurances à laquelle le chef d'entreprise est affilié.

ART. 18 *(modifié par la loi du 22 mars 1902).* — L'action en indemnité prévue par la présente loi se prescrit par un an, à dater du jour de l'accident ou de la clôture de l'enquête du Juge de paix, ou de la cessation du paiement de l'indemnité temporaire.

L'article 55 de la loi du 10 août 1871 et l'article 124 de la loi du 5 avril 1884 ne sont pas applicables aux instances suivies contre les départements ou les communes, en exécution de la présente loi.

ART. 19. — La demande en revision de l'indemnité fondée sur une aggravation ou une atténuation de l'infirmité de la victime, ou son décès par suite des conséquences de l'accident, est ouverte pendant trois ans, à dater de l'accord intervenu entre les parties ou de la décision définitive.

Le titre de pension n'est remis à la victime qu'à l'expiration des trois ans.

ART. 20 *(modifié par la loi du 22 mars 1902)*. — Aucune des indemnités déterminées par la présente loi ne peut être attribuée à la victime qui a intentionnellement provoqué l'accident.

Le Tribunal a le droit, s'il est prouvé que l'accident est dû à une faute inexcusable de l'ouvrier, de diminuer la pension fixée au titre 1er.

Lorsqu'il est prouvé que l'accident est dû à la faute inexcusable du patron ou de ceux qu'il s'est substitués dans la direction, l'indemnité pourra être majorée, mais sans que la rente ou le total des rentes allouées puisse dépasser soit la réduction, soit le montant du salaire annuel.

En cas de poursuites criminelles, les pièces de procédure seront communiquées à la victime ou à ses ayants-droit.

Le même droit appartiendra au patron ou à ses ayants-droit.

ART. 21. — Les parties peuvent toujours, après détermination du chiffre de l'indemnité due à la victime de l'accident, décider que le service de la pension sera suspendu et remplacé, tant que l'accord subsistera, par tout autre mode de réparation.

Sauf dans le cas prévu à l'article 3, § A, la pension ne pourra être remplacée par le paiement d'un capital, que si elle n'est pas supérieure à 100 francs.

ART. 22 *(modifié par la loi du 22 mars 1902)*. — Le bénéfice de l'Assistance judiciaire est accordé de plein droit, sur le visa du Procureur de la République, à la victime de l'accident ou à ses ayants-droit devant le Président du Tribunal civil et devant le Tribunal.

Le Procureur de la République procède comme il est prescrit à l'art. 13 (§§ 2 et suivants) de la loi du 22 janvier 1851, modifiée par la loi du 10 juillet 1901.

Le bénéfice de l'Assistance judiciaire s'applique de plein droit à l'acte d'appel. Le premier Président de la Cour, sur la demande qui lui sera adressée à cet effet, désignera l'avoué près la Cour dont la constitution figurera dans l'acte d'appel et commettra un huissier pour le signifier.

Si la victime de l'accident se pourvoit devant le Bureau d'assistance judiciaire pour en obtenir le bénéfice en vue de toute la procédure d'appel, elle sera dispensée de fournir les pièces justificatives de son indigence.

Le bénéfice de l'Assistance judiciaire s'étend de plein droit aux instances devant le Juge de paix, à tous les actes d'exécution mobilière et immobilière, et à toute contestation incidente à l'exécution des décisions judiciaires.

L'assisté devra faire déterminer, par le Bureau d'Assistance judiciaire de son domicile, la nature des actes et procédure d'exécution auxquels l'assistance s'appliquera.

TITRE IV

Garanties

ART. 23. — La créance de la victime de l'accident ou de ses ayants-droit relative aux frais médicaux, pharmaceutiques et funéraires ainsi qu'aux indemnités allouées à la suite de l'incapacité temporaire de travail, est garantie par le privilège de l'article 2101 du Code civil et y sera inscrite sous le n° 6

Le payement des indemnités pour incapacité permanente de travail ou accidents suivis de mort est garanti conformément aux dispositions des articles suivants.

ART. 24. — A défaut, soit par les chefs d'entreprise débiteurs, soit par les Sociétés d'assurances à primes fixes ou mutuelles, ou les Syndicats de garantie liant solidairement tous leurs adhérents, de s'acquitter, au moment de leur exigibilité, des indemnités mises à leur charge, à la suite d'accidents ayant entraîné la mort ou une incapacité permanente de travail, le payement en sera assuré aux intéressés par les soins de la Caisse nationale des retraites pour la vieillesse, au moyen d'un fonds spécial de garantie, constitué comme il va être dit, et dont la gestion sera confiée à ladite Caisse.

ART. 25. — Pour la constitution du fonds spécial de garantie, il sera ajouté au principal de la contribution des paten-

tes des industriels visés par l'article 1ᵉʳ, quatre centimes
(0 fr. 04) additionnels. Il sera perçu sur les mines une taxe de
cinq centimes (0 fr. 05) par hectare concédé.

Ces taxes pourront, suivant les besoins, être majorées ou
réduites par la loi de finances.

Art. 26. — La Caisse nationale des retraites exercera un
recours contre les chefs d'entreprise débiteurs, pour le
compte desquels des sommes auront été payées par elle, conformément aux dispositions qui précèdent.

En cas d'assurance du chef d'entreprise, elle jouira, pour le
remboursement de ses avances, du privilège de l'article 2102
du Code civil sur l'indemnité due par l'assureur et n'aura
plus de recours contre le chef d'entreprise.

Un règlement d'administration publique déterminera les
conditions d'organisation et de fonctionnement du service
conféré par les dispositions précédentes à la Caisse nationale
des retraites, et, notamment, les formes du recours à exercer
contre les chefs d'entreprise débiteurs ou les Sociétés d'assurances et les Syndicats de garantie, ainsi que les conditions
dans lesquelles les victimes d'accidents ou leurs ayants-droit
seront admis à réclamer à la Caisse le payement de leurs indemnités.

Les décisions judiciaires n'emporteront hypothèque que si
elles sont rendues au profit de la Caisse des retraites, exer-
çant son recours contre les chefs d'entreprise ou les Compagnies d'assurances.

Art. 27. — Les Compagnies d'assurances mutuelles ou à
primes fixes contre les accidents, françaises ou étrangères,
sont soumises à la surveillance et au contrôle de l'Etat et
astreintes à constituer des réserves ou cautionnements dans
les conditions déterminées par un règlement d'administration publique.

Le montant des réserves ou cautionnements sera affecté
par privilège au payement des pensions et indemnités.

Les Syndicats de garantie seront soumis à la même surveillance et un règlement d'administration publique déterminera les conditions de leur création et de leur fonctionnement.

Les frais de toute nature résultant de la surveillance et du
contrôle seront couverts au moyen de contributions propor-
tionnelles au montant des réserves ou cautionnements, et
fixés annuellement, pour chaque Compagnie ou Association,
par arrêté du ministre du commerce.

ART. 28. — Le versement du capital représentatif des pensions allouées en vertu de la présente loi ne peut être exigé des débiteurs.

Toutefois, les débiteurs qui désireront se libérer en une fois pourront verser le capital représentatif de ces pensions à la Caisse nationale des retraites qui établira à cet effet, dans les six mois de la promulgation de la présente loi, un tarif tenant compte de la mortalité des victimes d'accidents et de leurs ayants-droit.

Lorsqu'un chef d'entreprise cesse son industrie, soit volontairement, soit par décès, liquidation judiciaire ou faillite, soit par cession d'établissement, le capital représentatif des pensions à sa charge devient exigible de plein droit et sera versé à la Caisse nationale des retraites. Ce capital sera déterminé au jour de son exigibilité, d'après le tarif visé au paragraphe précédent.

Toutefois, le chef d'entreprise ou ses ayants-droit peuvent être exonérés du versement de ce capital, s'ils fournissent des garanties qui seront à déterminer par un règlement d'administration publique.

TITRE V

Dispositions générales

ART. 29. — Les procès-verbaux, certificats, actes de notoriété, significations, jugements et autres faits ou rendus en vertu et pour l'exécution de la présente loi, sont délivrés gratuitement, visés pour timbre et enregistrés gratis, lorsqu'il y a lieu à la formalité de l'enregistrement.

Dans les six mois de la promulgation de la présente loi, un décret déterminera les émoluments des greffiers de justice de paix pour leur assistance et la rédaction des actes de notoriété, procès-verbaux, certificats, significations, jugements, envois de lettres recommandées, extraits, dépôts de la minute d'enquête au greffe, et pour les actes nécessités par l'application de la présente loi, ainsi que les frais de transport auprès des victimes et d'enquête sur place.

ART. 30. — Toute convention contraire à la présente loi est nulle de plein droit.

ART. 31. — Les chefs d'entreprise sont tenus, sous peine d'une amende de un à quinze francs (1 à 15 fr.), de faire afficher dans chaque atelier la présente loi et les règlements d'administration relatif à son exécution.

. En cas de récidive dans la même année, l'amende sera de seize à cent francs (16 à 100 fr.).

Les infractions aux dispositions des articles 11 et 31 pourront être constatées par les inspecteurs du travail.

ART. 32. — Il n'est point dérogé aux lois, ordonnances et règlements concernant les pensions des ouvriers, apprentis et journaliers appartenant aux ateliers de la marine, et celles des ouvriers immatriculés des manufactures d'armes dépendant du ministère de la guerre.

Fait à Paris, le 9 avril 1898.

Félix FAURE.

DEUXIÈME PARTIE

I

LA LOI DU 9 AVRIL 1898 EST-ELLE APPLICABLE AUX AGRICULTEURS ?

Bien que l'article 1er de la loi ne fut pas très explicite à ce sujet, on pouvait cependant, dès le lendemain du vote de la loi, répondre hardiment : *non, en principe, sauf une exception relative aux accidents occasionnés par l'emploi dans l'agriculture d'un moteur inanimé.* Il suffisait, pour donner cette réponse, de se référer aux travaux préparatoires de la Loi.

« L'immense majorité des travailleurs agricoles, avait dit notamment M. Tolain, au Sénat, ne tombera pas sous l'application de la loi. Notre honorable collègue, M. Fresneau, parlait tout à l'heure des bœufs, des chevaux qui servent à l'agriculture et qui peuvent causer des accidents, des blessures aux travailleurs. Cela ne tombe pas, — je le dis immédiatement pour bien préciser la pensée de la commission et l'esprit de la loi, sous le coup des dispositions qu'elle renferme. Nous n'avons eu en aucune façon l'intention d'englober la majorité des travailleurs agricoles. Ceux qui tombent sous le coup de la loi, ce sont ceux qui se servent, non pas même de moteurs mus par les animaux, ce que nous appelons les moteurs animés, mais uniquement de moteurs inanimés comme la vapeur et le vent... »

Pourquoi le législateur de 1898 n'assujettissait-il pas en principe les agriculteurs au principe du *risque professionnel* qu'il édictait ?

La réponse suivante était donnée par MM. Girard et Martin Nadaud dans leur rapport à la Chambre des députés :

« Les conditions du travail agricole proprement dit sont demeurées ce qu'elles étaient lors de la promulgation du code. Aujourd'hui, comme alors, l'ouvrier agricole échappe aux éventualités qui menacent l'ouvrier des usines, obligé, celui-ci, de se mouvoir soit au milieu des machines, soit au milieu d'une agglomération de travailleurs. »

La raison n'est peut-être pas des plus parfaites. De ce que les accidents qui frappent les travailleurs agricoles sont moins nombreux que ceux qui atteignent les ouvriers des usines, il ne s'ensuit pas que les victimes en soient moins intéressantes, et il semble que du moment où on admettait la théorie du *risque professionnel* à la charge du patron de l'industrie, il aurait été logique de l'admettre au profit de tous les travailleurs quels qu'ils fussent, à la charge de tous les patrons.

Tel est, soit dit en passant, l'avis de M. Mirman, qui a déposé sur le bureau de la Chambre des Députés un projet de loi tendant à imposer à tous les chefs d'exploitation, propriétaires, fermiers ou métayers, l'assurance obligatoire contre les accidents au profit de tous leurs subordonnés travailleurs agricoles. Mais ce projet est encore loin d'être adopté. Passons.

La loi du 9 avril 1878 n'était donc pas applicable, en règle générale, aux accidents frappant les travailleurs agricoles. Exceptionnellement, toutefois, elle devait recevoir son application pour les accidents survenant, disait l'art. 1er, dans une « *exploitation ou partie d'exploitation* » agricole, « *dans laquelle il serait fait usage d'une machine mue par une force autre que celle de l'homme ou des animaux.* »

Telles étaient la règle et l'exception, relatives à l'Agriculture, qui ressortaient de l'étude de l'article 1er de la loi de 1878.

*
* *

Obscurités de la loi de 1898 relativement à l'Agriculture.

Mais il faut reconnaître que cette règle et cette exception manquaient de netteté, de précision, et avaient besoin, pour être bien mises en lumière, d'être éclairées par les travaux préparatoires de la loi.

Certains points particulièrement importants restaient dans l'ombre, donnaient lieu à interprétations diverses de la part des commentateurs, et auraient pu être diversement jugés par les tribunaux, par exemple les deux points suivants :

(a) Est-ce que par le seul fait que dans une exploitation agricole il sera fait usage d'un moteur inanimé pour certains travaux, d'une batteuse à vapeur par exemple, tous les accidents qui pourront arriver dans cette exploitation, en dehors même du fait du moteur, relèveront de la loi de 1898 ?

(b) En supposant que dans une exploitation agricole un accident soit causé par un moteur inanimé, qui sera responsable de l'accident ? Sera-ce l'agriculteur ? Sera-ce l'exploitant de la machine ?

Tous ces points manquaient de précision.

C'est alors que, conformément aux vœux émis par la Société des agriculteurs de France, le Parlement s'est décidé à voter une *nouvelle loi (30 juin 1899)* destinée à éclairer ou à compléter la loi du 9 avril 1898, en ce qui concerne les accidents causés dans les exploitations agricoles par l'emploi de machines mues par des moteurs inanimés.

*
* *

Loi du 30 juin 1899

ART. UNIQUE. — Les accidents occasionnés par l'emploi de machines agricoles mues par des moteurs inanimés et dont sont victimes, par le fait ou à l'occasion du travail, les personnes, quelles qu'elles soient, occupées à la conduite ou au service des moteurs ou machines, sont à la charge de l'exploitant du dit moteur.

Est considéré comme exploitant l'individu ou la collectivité qui dirige le moteur ou le fait diriger par ses préposés.

Si la victime n'est pas salariée ou n'a pas un salaire fixe, l'indemnité due est calculée, selon les tarifs de la loi du 9 avril 1898, d'après le salaire moyen des ouvriers agricoles de la commune.

En dehors du cas ci-dessus déterminé, la loi du 9 avril 1898 N'EST PAS APPLICABLE A L'AGRICULTURE.

Ainsi donc maintenant plus d'ambiguité ; la loi du 30 juin 1899 nous permet de poser les règles suivantes :

1° **En principe, la loi de 1898, sur les accidents, n'est pas applicable à l'agriculture.**

2° **Exceptionnellement la loi de 1898 s'applique à l'agriculture lorsque dans une exploitation il est fait usage de machines mues par un moteur inanimé,** et encore seulement aux conditions suivantes : *(a) que la victime ait été occupée au service ou à la conduite de la machine ; (b) que l'accident soit le résultat de l'emploi même de cette machine.* « Cette double condition, dit un arrêt de la Cour de Caen, ne se rencontre pas lorsque l'accident est le résultat, non de l'emploi ou du fonctionnement de la batteuse, mais exclusivement d'un faux mouvement fait par la victime, pour ressaisir un croc échappé de ses mains (arrêt du 30 juillet 1900). Dans le

même sens, la Cour de cassation a décidé
« qu'on ne saurait considérer comme occasionné par l'emploi d'une machine agricole,
spécialement d'une batteuse, l'accident survenu à un cultivateur qui, par suite d'inatten-
tion ou d'un faux mouvement, est tombé en
faisant passer une gerbe à un ouvrier chargé de
la présenter à la dite batteuse ». V. cass. civ.
rej. 5 fév. 1902. D. 1902. 1. 131.

Dans cet ordre d'idées la Cour de Riom ayant
à statuer sur un accident du travail agricole
causé par un canon paragrèle, a décidé que le
§ 4 de la loi de 1899 exclut formellement du
bénéfice de la loi de 1898 tous les accidents
agricoles à l'exception de ceux occasionnés par
la conduite ou le service des machines agricoles mues par des moteurs inanimés. Elle a
déclaré que ces mots « machines agricoles »
s'appliquent uniquement aux engins mécani-
ques destinés à la culture du sol et à l'enlève-
ment des récoltes. Ils ne sauraient donc viser,
d'après elle, un canon paragrèle, et l'ouvrier
blessé par une explosion, en préparant des car-
touches destinées à charger cet engin, ne saurait se prévaloir des dispositions de la loi de
1898.

Cette jurisprudence n'est pourtant pas una-
nime, et certains arrêts admettent la responsabilité de l'exploitant pour tout accident occasionné par l'emploi ou le service de la machine,
quand bien même l'accident ne proviendrait
pas directement du fait même de la machine,
pourvu qu'il soit un résultat au moins *médiat*

de son service. (V. en ce sens Grenoble 3 août 1901; Trib. civ. Soissons 28 nov. 1900; Trib. civ. Argentan 9 janv. 1900; Cass. req. 20 av. 1901, Gaz. des Trib. 24 av. 1901).

3° **C'est l'exploitant du moteur inanimé qui est responsable de l'accident.** — Par conséquent, si le moteur appartient à l'agriculteur, est dirigé par lui, par ses domestiques ou ses journaliers, c'est lui-même qui sera responsable. Si au contraire le moteur appartient à un individu faisant métier de le louer et de le diriger lui-même, c'est alors à lui qu'incombe exclusivement la responsabilité des accidents (Trib. d'Angers, 12 décembre 1899).

4° Enfin **toutes personnes, quelles qu'elles soient, salariées ou non, occupées à la conduite ou au service d'un moteur inanimé, victimes d'un accident occasionné par l'emploi du dit moteur, peuvent se prévaloir du bénéfice de la loi.**

Cette décision résulte du texte de la loi de 1899 et a été admise par suite des considérations suivantes du rapporteur M. Mirman : « Comment, disait-il, les choses se posent-elles dans la petite propriété agricole ? L'entrepreneur de battage vient avec sa machine, accompagné d'un petit nombre d'aides qui sont ses propres salariés ; le cultivateur intéressé fait appel au concours de quelques amis et voisins ; ceux-ci le lui accordent gracieusement et à titre de revanche. Parmi les personnes occupées à l'opération se trouvent donc le plus souvent de petits propriétaires, non salariés, au sens exact du mot, mais indiscutablement travailleurs de ressources infiniment modestes, gagnant leur vie par l'effort quotidien de leurs bras.

« Il serait souverainement injuste en droit et funeste, au point de vue social, d'établir une différence entre les uns et les autres, de n'accorder le bénéfice de la loi qu'à une partie seulement de ce groupe d'hommes, camarades de labeur, besognant en commun, et d'en priver arbitrairement les autres.

« Nous avons en conséquence mis dans notre texte ces mots : « *Les personnes quelles qu'elles soient, occupées à la conduite ou au service de ces moteurs.* »

Disons un mot pour terminer : 1° *Des exploitations de coupes de bois,* 2° *Des entreprises de transport par les Agriculteurs.*

1° **Des exploitations de coupes de bois.** — Doivent-elles être rangées au nombre des exploitations agricoles régies par la loi du 30 juin 1899, ou bien au contraire rentrent-elles dans les catégories d'entreprises industrielles énumérées dans l'art. 1er de la loi du 9 avril 1898 ?

Les Tribunaux paraissent à ce sujet faire la distinction suivante : Si la coupe de bois est pratiquée par le propriétaire même du sol ou son fermier, elle a le caractère d'exploitation agricole et doit être régie par la loi de 1899. Si au contraire la coupe est faite par un acheteur qui en fait une spéculation commerciale, elle tombe sous le coup de l'art. 1er de la loi de 1898. V. cass. 25 mars 1902 et c. Paris 2 av. 1901. (La loi 28 janv. 1902).

2° **Agriculteurs se livrant à des entreprises de transport.** — Il arrive parfois que des agriculteurs passent avec des tiers des contrats aux termes desquels ils s'engagent à faire pour les dits tiers une série de charrois ou de transports moyennant une rétribution convenue.

Consulté sur le cas, le *Comité consultatif d'assurances* a été d'avis :

« Que les cultivateurs effectuant accidentellement des transports pour des tiers ne sont responsables des accidents survenus à leurs ouvriers au cours des dits transports, que si ces transports ont fait l'objet d'une convention, écrite ou verbale, comportant avec l'allocation d'un prix, la responsabilité légale du transporteur. (Avis du 20 février 1901.) »

Conformément à cet avis, le tribunal de Montdidier a déclaré que le cultivateur qui fait une série de charrois de pierres pour le compte d'un extracteur, moyennant un prix convenu tombe sous le coup de la loi du 9 avril 1898. (V. *la loi* du 2 mai 1901).

⁎
⁎ ⁎

II

La loi du 9 avril 1898 est-elle applicable aux Maîtres relativement aux accidents qui arrivent à leurs domestiques ?

Non. Il suffit de lire le texte de l'article 1er pour voir que les gens de service ne sauraient rentrer dans aucune des catégories qui sont par lui énumérées comme tombant sous l'application de la loi.

Voici d'ailleurs, en ce qui concerne les accidents des domestiques, ce qu'on trouve dans les travaux préparatoires :

Un sénateur avait proposé un texte de loi ainsi conçu :

« Le maître est responsable de plein droit de l'accident survenu au cours d'un travail dangereux. » Ce texte, dit le rapporteur, M. Thévenet, se serait étendu non seulement aux ouvriers industriels et agricoles, mais aux gens de service, domestiques, employés, etc.; à la majorité, *votre commission n'a pas admis cette décision*.

Il est donc bien certain que les domestiques victimes d'un accident, dans l'exercice de leur travail, ne peuvent invoquer, contre leurs maîtres, les dispositions de la loi du 9 avril 1898.

Ils ne peuvent que se réclamer du droit commun, c'est-à-dire des articles 1382 et suivants du Code civil. Mais alors, *pour avoir droit à une indemnité, il faut qu'ils prouvent que l'accident dont ils sont victimes, leur est arrivé par la* **faute**, **l'imprudence** *ou la* **négligence** *du patron*.

* *
*

III

La Loi du 9 avril 1898 est elle applicable aux Maîtres, relativement aux accidents qui frappent les ouvriers du bâtiment qu'ils font travailler ?

Cette question se pose parce que l'article 1er de la loi spécifie les accidents qui surviennent *aux ouvriers et employés occupés dans l'industrie du bâtiment.*

Mais il est à remarquer d'autre part que, pour toutes les catégories d'industrie visées par lui, cet article 1er met l'indemnité à la charge du « *chef de l'entreprise* ».

Par conséquent lorsqu'un accident arrive à un ouvrier du bâtiment, couvreur, maçon, charpentier ou tout autre, pour savoir s'il peut invoquer le bénéfice de la loi de 1898, il faut rechercher si oui ou non il est sous la direction d'un « *chef d'entreprise* ».

Si les travaux se font sous la direction d'un entrepreneur, celui-ci est évidemment le chef d'entreprise responsable.

Mais, très souvent, il n'y a point d'entrepreneur ; les travaux sont exécutés par des ouvriers agissant pour le compte du patron même qui les a commandés, sans intermédiaire, *sans direction aussi de la part de ce patron.* Peut-on dire en pareil cas que celui-ci est un « *chef d'entreprise* » responsable aux termes de l'art. 1er de la loi de 1898 ?

Je ne le pense pas. Je n'en veux pour preuve que le passage suivant du rapport à la chambre des députés de MM. Girard et Martin Nadaud :

« Le bénéfice de la loi ne pourra être invoqué par l'ouvrier d'état qui loue son travail à un particulier. En ce cas, l'ouvrier est son propre patron. C'est à lui à prendre ses précautions et à se préserver lui-même, personne d'ailleurs ne le commande dans son travail. Il serait souverainement injuste de faire peser aucune présomption de responsabilité sur le particulier qui, étranger aux règles du métier, ne peut que s'en rapporter discrétionnairement au praticien auquel il a recours. »

Telle est aussi la décision donnée par M. Cabouat dans le *Recueil des Lois nouvelles* de M. Schaffauser (1899 p. 350) : « En règle, dit-il, le simple particulier qui passe marché avec l'ouvrier pour l'exécution d'un travail, est exempt de la responsabilité dérivant du risque professionnel, pourvu, condition essentielle, qu'il s'abstienne d'exercer aucune direction sur le travail et laisse l'ouvrier absolument maître de ses actes, comme du choix du matériel indispensable pour l'accomplissement de son œuvre. »

Une circulaire du Garde des Sceaux, en date du 10 juin 1899, disait d'ailleurs à ce sujet : « *Le bénéfice de la loi ne peut être invoqué par un ouvrier qui loue son travail à un particulier.* L'ouvrier est alors son propre patron, personne ne le commande dans son travail, et il lui appartient de prendre lui-même toutes les précautions nécessaires pour se préserver d'un accident. » Voir en ce sens un jugement du *Tribunal civil de Toulouse* du 1er mars 1900 ; un jugement du *Tribunal de paix* de Bordeaux, du 2 avril 1901. (Revue des Accidents, 1902, 331) ; et un jugement du *Tribunal civil de Lorient*, du 8 janvier 1902. (Rev. des Accidents, 1902, 413).

*
* *

IV

La loi du 9 avril 1898 est-elle applicable d'une façon générale aux COMMERÇANTS relativement aux accidents survenant à leurs employés, ouvriers, domestiques?

Non, si ces employés, ouvriers ou domestiques ne travaillent pas à proprement parler, dans une *usine*, une *manufacture*, un *chantier*, une *entreprise de transport*, dans une *fabrique*, etc. (Voir l'énumération donnée par l'article 1er).

Ainsi, par exemple, l'employé d'un magasin de nouveautés, ou de tout autre commerce analogue, qui serait victime d'un accident dans l'exercice de son travail, ne pourrait se prévaloir du bénéfice de la loi de 1898. (Trib. com. Troyes, 19 mars 1900. Gaz. du Pal. 1900).

Un jugement rendu par le Trib. civ. d'Apt, à la date du 6 mars 1900. (Voir Rev. des Acc. 1900) a décidé dans cet ordre d'idées « que la loi de 1898 ne s'applique pas à une entreprise purement commerciale qui n'a aucun caractère industriel et qui ne nécessite l'emploi d'aucune machine mue par une force autre que celle de l'homme ou des animaux ; et qu'on ne peut assimiler à un entrepreneur de transports le commerçant qui ne fait que transporter ses marchandises, soit pour les amener dans ses magasins, soit pour les livrer à ses clients. »

Mais la difficulté en cette matière est de savoir très exactement ce qu'il faut entendre par ces mots : *Usines, manufactures*, qu'emploie l'art. 1er de la loi de 1898.

« Par les mots *usines et manufactures*, répond un jugement du tribunal de Rochefort, en date du 6 mars 1900, il faut entendre tout établissement de fabrication qui transforme, soit par un procédé mécanique, soit par la main de l'homme, une matière première et même un produit quelconque, naturel ou artificiel, ou un autre produit utilisé dans le commerce ou l'industrie, quels que soient le plus ou moins d'importance de cet établissement, le nombre d'ouvriers employés et le plus ou moins de perfectionnement de son outillage. »

La *Revue des Accidents* (année 1900 p. 248) accentue encore cette définition, en disant : « Elle comprend tous les établissements dans lesquels une matière est transformée ; elle comprend notamment les *ateliers des modistes.* »

C'est peut-être aller bien loin. Mais on voit ainsi qu'une question spéciale se pose pour les ouvriers travaillant dans les *ateliers* de la

petite industrie, ateliers qui ne constituent pas
de véritables *usines* ou *manufactures*, mais,
qu'on peut être tenté d'y assimiler, tels que les
ateliers de couture, de chapellerie, de cordon-
nerie ; ces ouvriers, s'ils viennent à être
victimes d'un accident, peuvent-ils invoquer
contre leurs patrons la loi de 1898?

La question est douteuse, car, lors de la dis-
cussion de la loi, différentes opinions ont été
émises dans le sein du Parlement.

MM. Girard et Martin Nadaud se sont expri-
més ainsi dans leur rapport à la Chambre :

« On remarquera que, dans cette énumération
(de l'article 1er), on a omis à dessein le mot
« *ateliers* ». C'est que, en effet, la loi nouvelle
ne devra point s'appliquer à des ateliers autres
que ceux limitativement spécifiés. Elle ne s'appliquera ni (pour citer un exemple) à des ateliers de tailleurs d'habits, de cordonniers, de
chapeliers, etc., travaillant à la main, ni à
tous ceux analogues où le genre de labeur n'en-
traîne point de danger particulier pour le sala-
rié. Elle ne s'appliquera pas davantage à tous
ces modestes ateliers d'ébénisterie, de serru-
rerie, etc., où le patron presque ouvrier lui-
même (sans employer le moteur mécanique),
opère avec un petit nombre de compagnons.

« C'est toujours là du travail manuel, tel
qu'il se pratiquait au moment de la confection
du code civil, le péril n'a pas augmenté. »

Le rapporteur du Sénat a paru au contraire
exprimer une opinion opposée.

A M. Buffet qui lui demandait si les ateliers

en général seraient compris dans les dispositions de la loi de 1898, il répondait « *oui* » en
principe, sauf à laisser aux Tribunaux le soin
de décider, dans chaque cas, si tel ou tel atelier
doit ou non rentrer dans les termes de l'article 1er.

La question reste donc douteuse pour beau-
coup de petits patrons et de commerçants à la
tête d'ateliers, et, il ne faut pas s'étonner, en
présence de la loi sur ce point, que les tribunaux rendent des décisions variées.

Pour essayer d'éclaircir la question, M. le
Ministre du Commerce a demandé au *Comité
consultatif des assurances contre les accidents
du travail,* son avis sur le point de savoir si
certaines professions, non spécifiées par la loi
de 1898, sont assujetties à cette loi.

Le *Comité* a exprimé les avis suivants, bons
à faire connaître ici, bien qu'ils n'aient pas une
valeur absolue :

« Que les *boulangers* sont assujettis à la loi
susvisée, toutes les fois que leur exploitation
n'est pas exclusivement limitée au débit de
produits reçus tout préparés pour la vente. »
(Avis du 24 janvier 1900, En ce sens : Douai,
24 juillet 1901. En sens contraire : Trib. de
paix de Toulouse, 1er avril 1902.)

« Que les *boucheries* et *charcuteries avec tue-
ries* sont assujetties à la loi. » (V. en sens
contraire, dans la Gaz. des Trib. du 17 janvier 1901, un jugement du Tribunal de paix du
XIe arrondissement de Paris, en date du
20 décembre 1900.)

« Que les professions de *maréchal-ferrant* et de *charron-forgeron*, comportant des transformations industrielles, sont assujetties à la loi. »

En ce sens, Angers, 13 mars 1901 (Gaz. des Trib. 10 mai 1901) et jugement du Trib. civ. d'Amiens, 30 janvier 1902, dans *Le Droit* du 16 avril 1902. — Mais le tribunal de Vesoul, par jugement du 31 juillet 1901 (Gaz. des Trib. 26 août 1001) a décidé, au contraire, que la loi de 1898 était inapplicable au maréchal-ferrant travaillant chez lui, même avec l'assistance d'ouvriers. (V. aussi Aix, 17 novembre 1900, Gaz. des Trib., 3 janvier 1901.)

« Que les *couturiers,* opérant des transformations d'ordre industriel, dirigent des manufactures au sens de la loi de 98 et dès lors sont assujettis à cette loi » (Avis du 7 mars 1900).

Id. « Pour les *fabricants de dentelles et broderies* à la main.

« Que l'entreprise de *fabrication de caisses pour emballages* constitue une manufacture au sens de la loi de 98 » (Avis du 7 mars 1900).

« Que les *établissements de bains* ne sont assujettis à la loi que lorsqu'ils font usage d'une machine mue par une autre force que celle de l'homme ou des animaux » (Avis du 7 mars 1900).

« Que les *marchands de fer en gros* sont assujettis à la loi de 98, leurs approvisionnements de fer étant assimilables aux approvisionnements de bois et constituant comme eux des « chantiers » au sens del a loi susvisée » (Avis du 30 mai 1900).

« Que les *pharmaciens* ne sont assujettis à la loi susvisée que lorsqu'ils fabriquent eux-mêmes des matières premières pharmaceutiques ou des spécialités » (Avis du 24 octobre 1901).

« Que la *carrosserie* comportant des transformations d'ordre industriel, constitue une *manufacture* au sens de la loi susvisée (Avis du 4 avril 1900).

« *Id*. Pour les *ébénistes*, les *ferronniers*, les peintres en voitures, les selliers. »

« Que les tapissiers sont assujettis à la loi de 1898, toutes les fois que leur exploitation n'est pas exclusivement limitée au débit d'objets reçus tout fabriqués pour la vente. » (Avis du 4 avril 1900.)

« Que les *hôteliers* ou *aubergistes* ne sont pas assujettis comme tels à la loi de 1898.

« Qu'ils y sont cependant assujettis comme entrepreneurs de transport, *et seulement pour cette entreprise*, lorsqu'ils assurent le transport de leurs clients ou d'autres voyageurs moyennant rétribution.

« Que les *négociants en vins en gros* sont assujettis à la loi de 1898. » (Avis du 4 avril 1900.) V. en ce sens trib. civ. Seine, 30 avril 1900, Gaz. du Pal. 1901. 2.234 ; Paris, 12 janvier 1901. 2.253 et aussi trib. civ. de St-Etienne, 10 mars 1902. Monit. de Lyon, 17 mars 1902. — Le trib. civ. de Narbonne a décidé, au contraire, que la profession de négociant en vins n'est pas assujettie à la loi de 1898, à moins que l'accident se soit produit dans une exploitation où il est fabriqué et mis en œuvre des matières explosibles ou fait usage d'un moteur inanimé (Jugement du 23 oct. 1901. *La Loi* 10 nov. 1900).

Ces avis du *Comité consultatif d'assurances*, bien que n'ayant pas force de loi, nous ont paru intéressants à relever, parce que, bien qu'ils ne s'imposent pas d'une façon absolue aux Tribunaux chargés d'appliquer la loi de 1898, il est néanmoins certain qu'en pratique, dans la plupart des cas, les magistrats en tiennent le plus grand compte

TROISIÈME PARTIE

CONCLUSION PRATIQUE

Conseil aux Commerçants, aux Maîtres aux Agriculteurs

En résumé, il ressort de l'étude à laquelle nous venons de nous livrer, que la loi de 1898 — contrairement au préjugé très répandu dans la masse, — loin d'être d'une application universelle à tous les accidents qui frappent les travailleurs, est d'une application restreinte aux catégories spécifiées par l'article Ier de la loi.

Ainsi elle n'est pas applicable en principe aux ouvriers agricoles, aux gens de service, aux journaliers qui sont leur propre patron, aux employés de commerce, etc.

Mais est-ce à dire pour cela qu'Agriculteurs, Maitres, Commerçants doivent être exempts de tout souci relativement aux accidents pouvant atteindre leurs subordonnés?

Loin de là.

D'abord, *en ce qui concerne les* **Commerçants,** l'on a vu que si la loi de 1898 ne paraît leur être applicable que lorsqu'ils dirigent des usines, manufactures, fabriques, chantiers, entreprises de transport, néanmoins les Tribunaux ont souvent étendu leur responsabilité au delà de ces cas.

Nous avons notamment indiqué plus haut que si certains tribunaux ont déclaré que les *boulangers,* les *bouchers,* les *marchands de vins en gros,* les *maréchaux-ferrants,* les *modistes,* ne tombaient pas sous l'application de la loi de 1898, d'autres Tribunaux se sont prononcés en sens contraire.

En présence de ces divergences, dans les décisions de la Justice, n'est-il pas sage de conseiller aux Commerçants *de s'assurer contre l'incertitude même de la Jurisprudence à leur égard?* Nous pensons que si. Et pour cela, *les Commerçants n'ont qu'une chose à faire :* **Assurer leur personnel contre les accidents.** De cette façon, ils seront à l'abri de tout souci et n'auront plus à se préoccuper des variations de dame Thémis à leur endroit.

En ce qui concerne les **Maîtres** *et les* **Agricul-teurs**, sans doute la loi de 1898 ne leur est pas en principe applicable ; mais ils restent tou-jours assujettis à la responsabilité qui résulte des articles 1382 et suivants du code civil, arti-cles dont nous croyons utile de donner ici le texte :

Art. 1382. — Tout fait quelconque de l'homme qui cause à autrui un dommage, oblige celui par la *faute* duquel il est arrivé à le réparer.

Art. 1383. — Chacun est responsable du dommage qu'il a causé non seulement par son fait, mais encore par sa *négli-gence* ou par son *imprudence*.

Art. 1384. — On est responsable non seulement du dom-mage que l'on cause par son propre fait, mais encore de celui qui est causé par le fait des personnes dont on doit répondre, ou des choses que l'on a sous sa garde.

Or, s'il est vrai que, d'après ces articles, pour que le Maître ou l'Agriculteur puisse être condamné à des dommages-intérêts envers son subordonné, victime d'un accident, celui-ci doive *prouver* que l'accident a pour cause une *faute*, une *imprudence*, ou une *négligence* du patron, il n'est pas moins certain aussi que les Tribunaux se montrent de plus en plus faciles pour l'admission de cette preuve.

Huit fois sur dix, le patron actionné en res-ponsabilité devant un Tribunal, est condamné ; s'il n'a pas commis directement une faute, on lui reproche *de n'avoir pas pris toutes les pré-cautions voulues pour empêcher l'accident ;* on lui reproche *de n'avoir pas suffisamment protégé la victime de l'accident contre sa propre impru-*

dence; et on le condamne à raison de cette soi-disant négligence.

Quand un accident arrive, par exemple à un journalier ouvrier du bâtiment, ou à un domestique agricole, celui-ci actionne le Maître en justice sous prétexte qu'il lui a donné des ordres qui ont été causes de l'accident, ou bien qu'il lui a prêté des instruments de travail dont le mauvais état a occasionné l'accident, ou bien encore qu'il l'a surveillé et dirigé dans son travail et que par conséquent il a été en réalité un « chef d'entreprise », au sens de la loi de 1898. Le Maître ainsi attaqué a de la peine à se défendre.

A titre d'exemple, qu'on vous permette de citer un jugement du tribunal de Limoges, en date du 19 déc. 1900, qui en substance a décidé ceci : « Bien que l'ouvrier chargé d'exécuter un travail à la pièce (dans l'espèce abattre et débiter des arbres), n'ait en principe aucun ordre à recevoir du propriétaire de la coupe, et que celui-ci échappe à toute responsabilité à raison des accidents arrivés dans cette coupe, cependant si en fait, invité par l'ouvrier à « donner un coup de main », le propriétaire, au lieu de se borner à une aide purement matérielle, *donne des ordres, joue le rôle d'un patron et prend en quelque sorte la direction de l'opération*, **il assume une part de responsabilité**, quelque atténuée qu'elle soit par la faute inexcusable de l'ouvrier. »

Sans compter d'autre part, en ce qui concerne spécialement les agriculteurs et les propriétaires, que l'article 1385 du code civil met à leur charge les accidents causés par les animaux qui leur appartiennent. Cet article est ainsi conçu : « *Le propriétaire d'un animal, ou celui qui s'en sert, pendant qu'il est à son usage, est responsable du dommage que l'animal a causé, soit que l'animal fut sous sa garde, soit qu'il fut égaré ou échappé.* »

Les propriétaires de chevaux ou de bestiaux sont donc, en vertu de cet article, exposés, en cas d'accidents occasionnés par ces animaux à leurs cochers ou à leurs bouviers, à voir ceux-ci les actionner en dommages-intérêts.

Dans ces conditions, bien que la loi de 1898 ne leur soit point en principe applicable, on peut affirmer néanmoins qu'agriculteurs, maîtres, commerçants, courent, relativement aux accidents qui peuvent survenir à leurs subordonnés, des risques assez graves.

Quelle est la conclusion ?

C'est que l'assurance contre les accidents des subordonnés, particulièrement des cochers et des bouviers, devra être considerée par tous les patrons comme une mesure de prudence à ne pas négliger.

Il est même presque regrettable à ce point de vue que le législateur de 1898 n'ait pas déclaré que la loi sur les accidents serait d'une application générale. Pourquoi cela ? Parce que s'il en eut été ainsi, tous les patrons, tous les Agriculteurs, tous les Maîtres se fussent empressés d'assurer leur personnel contre les accidents pouvant les atteindre. Ils eussent été ainsi à l'abri de tous risques, et aussi à l'abri des procès, qui, dans cet ordre d'idées, deviendront de plus en plus fréquents. Etant donné le préjugé actuellement très répandu dans la masse que la loi de 1898 met tous les accidents à la charge des patrons, il n'est pas douteux que chaque fois qu'un domestique agricole ou urbain, qu'un journalier ou un employé quelconque sera victime d'un accident, en l'absence même de toute faute du patron, il y a gros à parier que celui-ci sera assigné par son subordonné en responsabilité.

D'autant mieux que toujours, en pareil cas, *la victime de l'accident plaide avec le bénéfice de l'Assistance judiciaire*, et par conséquent risque de gagner, mais ne peut rien perdre et n'a aucun frais à faire.

L'assurance aurait ce bon effet de mettre le patron quel qu'il soit à l'abri de toute responsabilité, de tous risques, même en cas de faute de sa part, et à l'abri également des ennuis et des frais de tous procès.

Aussi notre conclusion est-elle que l'assurance contre les accidents des subordonnés, étant donné l'état de la législation, de la jurisprudence et le préjugé de la masse, devra être considérée par tous comme une mesure de prudence de premier ordre à prendre sans retard.

*
* *

Disons pour terminer qu'il y a deux façons d'assurer ses subordonnés contre les accidents du travail.

On peut, soit assurer des individus déterminés, par exemple, un cocher, un bouvier, à raison de tant par an. Ou bien, on peut encore assurer tout le personnel de domestiques employés dans une exploitation agricole, personnel fixe ou occasionnel, et alors la prime est calculée à raison de tant par hectares.

Nombreuses sont les sociétés mutuelles ou à primes fixes qui se sont constituées pour assurer contre les accidents du travail.

Inutile de dire qu'il convient de donner la préférence à celles qui ont versé à la Caisse des Dépôts et Consignations le cautionnement réglementaire exigé par la loi du 9 avril 1898, car leurs opérations relatives à l'application de cette loi sont alors garanties par l'Etat. (Voir art 27 de la loi du 9 avril 1898.)

CLERMONT, IMP. MODERNE, A. DUMONT, DIRECT' 15, RUE DU PORT.

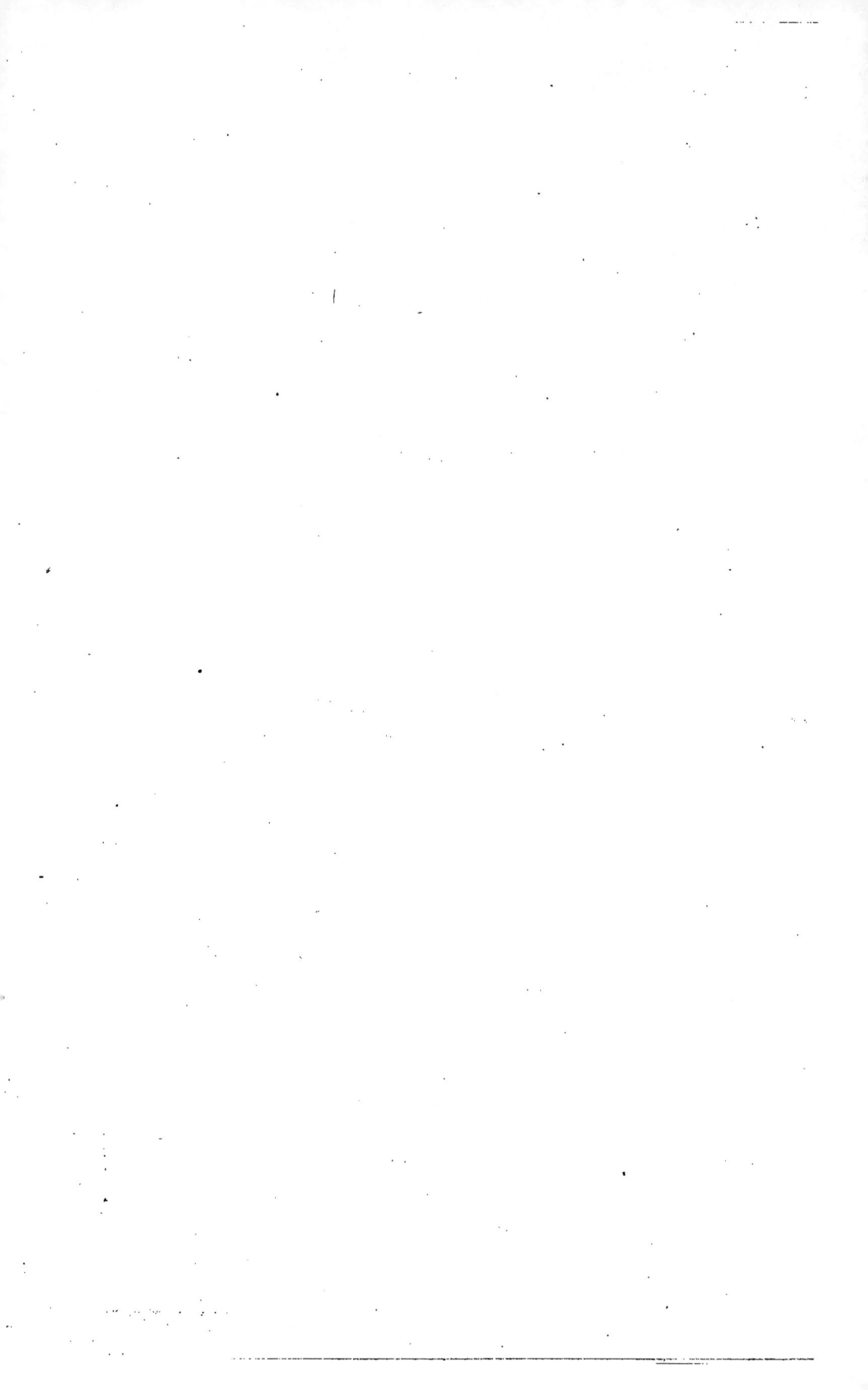

www.ingramcontent.com/pod-product-compliance
Lightning Source LLC
Chambersburg PA
CBHW071409200326
41520CB00014B/3356